やさしいレシピのおすそわけ

#おうちでsio

鳥羽周作

はじめに

僕は、誰かに料理を作るのがとても好きで料理人になりました。コロナ禍で、たくさんのことを経験したときに、シンプルにもっとたくさんの人に料理を届けたいと思いました。レストランに来た人だけでなく、もっとたくさんの人に。そしてできたのが #おうちでsio です。誰でも簡単に〝おいしい〟ができることだけ考えました。僕らが大切にしている〝おいしい〟が、少しでもたくさんの人に伝わると、めっちゃ嬉しいです。

鳥羽周作

CONTENTS

PART 1

sioのスペシャリテレシピのおすそわけ

PART 2

市販の食材で!? プロのアレンジレシピ

PART 3

鳥羽シェフ渾身のオリジナルレシピ #おうちでsio

PART 4

スペシャルドリンクと簡単デザートレシピ

この本のルール

●小さじ1は5㎖、大さじ1は15㎖、1カップは200㎖です。●作り方の火かげんは、特に記載がない場合は中火で調理してください。●電子レンジの加熱時間は、600Wのものを使用したときの目安です。500Wのものなら時間を約1.2倍にしてください。また、機種によって多少異なることもありますので、様子を見ながらかげんしてください。●フライパンのおすすめはバーミキュラです。●野菜類は、特に記載がない場合、洗う、皮をむくなどの作業をすませてから調理してください。●こしょうは主に粗びき黒こしょうを使用しています。

※本書の情報は2020年8月現在のものです。

sioのコンセプト

CONCEPT

代々木上原に佇むレストランsio。フレンチや和の食材で味わいをマリアージュしながら生み出されるメニューの数々は、ここでしか食べられない特別なものばかり。

こだわり抜いたメニュー開発に加えて、あたたかいおもてなしの数々、店内の雰囲気が、「足を運んでよかった」、きっとそう思わせてくれるはず。「私たちは、膨大なインプットをもとに料理と向き合い、日々アプローチを変えていく。昨日の最高を壊し、今日の〝もっとおいしい〟を創っていきます」。そう語るのは、オーナーシェフ鳥羽周作。スタッフ一丸となって、いつも「幸せの分母を増やす」ことを考えています。

「sio」の由来は、素材本来の味を生かすため、塩かげんに気をつけているところから。「塩！」と感じさせない料理を目指しています。あとは、"s"しゅうさく "i"いつも "o"おいしいの略！

sioオーナーシェフ 鳥羽周作

それぞれが個性豊かな姉妹店も人気

o/sio

2019年10月にオープン。ナポリタンや唐揚げなどなじみのある定番メニューから、イノベーティブなオリジナルメニューまで、さまざまなジャンルを融合させた料理を提供。
東京都千代田区丸の内2-6-1 丸の内ブリックスクエアB1F ☎03-3217-4001

パーラー大箸

純洋食とスイーツのパーラー大箸。昔なつかしいメニューが食べられる喫茶店。牛タンシチュー、ととのうプリンが絶品！
東京都渋谷区道玄坂1-2-3 東急プラザ渋谷6F ☎03-5422-3542

sio

モダンフレンチを斬新なコース構成で提供。そこにマッチするペアリングドリンクも楽しい。
東京都渋谷区上原1-35-3 ☎03-6804-7607

sioのこだわり

COMMITMENT

ロゴ
sioのシンボルは水野学さんのデザイン。このロゴを見たときに、店内の雰囲気、音楽、空間のすべてが想像できた。

おしぼり
おしぼりはお客様がお店に入ってまず最初に触れるもの。だからこそ、最高の素材でお迎えしたいと思い選んだイケウチオーガニック。

タオルのギフト
ちょっとしたときのお客様へのおみやげも、イケウチオーガニック。日々、使ってほしい肌ざわりです。

ナイフ
ナイフはラギオールを使用。定期的にといでいます。お肉のおいしさは切れ味で左右されますよね。

お箸
お客様用の箸、厨房で使う菜箸、盛りつけ箸はすべて、ヤマチクで作ってもらっています。口当たりがよくて使いやすいと好評。

sioのおすそわけ

SHARING

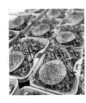

テイクアウト
コロナ禍ですぐに開始。「HEY！バインミー」や「チキントーバーライス」など冷めてもおいしいオリジナルメニューが好評。

レシピ公開!?
ツイッターでたちまち話題に
SNS上で#おうちでsioとし、レシピを公開。反響が大きく、たくさんの人たちからリポートが。店の看板メニューからコンビニ商品のアレンジ、オリジナルレシピまで、多数公開中。

贅沢弁当 14品ぎっしりと詰まった、レストラン体験ができるお弁当。予約制で、量は1〜2人分。たっぷりしらすごはん＋おかず1段（税込み1万500円）。雲丹と牛のすき焼きごはん＋おかず1段（税込み1万3500円）。

本書は、SNSの
#おうちでsioに新しい
レシピも加えた愛蔵版！

鳥羽周作の考える幸せの分母

なぜ今、店のスペシャリテをネットで無料公開したのか

SNSで発信した「#おうちでsio」は、たちまちネットやテレビで話題に。レストランにとって大切なレシピを惜しげもなく公開するオーナーシェフ鳥羽周作の思いを聞きました。

──世の中が大変なとき。特に飲食店は大打撃をうけました……。なぜ、そんなときに店のレシピを公開したのでしょうか?
コロナ禍……こんな時代なのにじゃなくて、だからこそです。みんなが困っているときに何ができるか。まず、テイクアウトをやらないと……そう思ってテイクアウトメニューを考え、テイクアウトをやるって言い出した日には、「#おうちでsio」として店のレシピをSNSにあげていました。同時でしたね。みんなそんなに家にいるんだったら、唐揚げとか、ぜひこのレシピで作ってほしい。ただそう思った素直な気持ちです。1回レシピあげてみようかって思ってその日にあげたら、すごい反響だった。それで、ますますみんなの辛い状況を知って……今、家にいて、レシピを必要とする人がこんなに多いんだって。その3日後には、店をスタッフに任せて、3週間家にこもってひたすらレシピを考えていましたね。この3週間が重要で、いろんなことに気づかされました。ひたすらレシピを考えては、毎日発信しました。

──何に気づかれましたか?
発信すればするほど、ハッシュタグつけてみんなが料理を作ってくれたり、コメントで生の声を聞けたり。それがすごい励みになって、さらにたくさんのレシピを考える原動力になった。結局「#おうちでsio」の料理って、料理ができる人に向けたものではなく、再現性が高くて生活を助けられる料理。簡単・おいしい。それ最高じゃん! 買い物して作って、って3週間くり返すうちに、自分自身が身をもって体験しながら気づくことができた。レストランで出すのとはまた違う視点で料理を考えて、みんなの気持ちが見えた気がしましたね。顔を見たことがない人たちとも、ファミリーみたいに繋がれる。

──その目線にシェフでありながら立てるってすごいですね。お店で出すレシピを公開するということに驚きました。企業秘密なのでは?
レストランとしてのsioは、レシピだけが重要なんじゃない。そんなことより自分たちの一番の気持ちは、とにかく喜んでもらえればいい、それだけだったんで。
これが、幸せの分母を増やすって思う気持ち

です。

――メニュー作りのポイントはありますか?
ポップでありたい。2万円の料理もできるけど、実は唐揚げやナポリタンも大切にしている。それはなぜかと言うと、幸せの分母は多いほうが尊いから。ポップって最高です。みんなが知っているものを、さらにおいしくしたいっていう思いで。途方もない目標ですけど、「フレンチシェフ」「ミシュランの料理人」っていう枠に限定したくない。
もし、世の中における難しい問題を、少しでも「おいしい」で解決することができたら……自分たちにできることはそれが一番だと思っています。

――テイクアウトも、普段のsioの価格帯やメニューとは違いますよね。
普段sioに来ない人も困っているわけだから。5000円の弁当なんてたくさんの人が食べたいかな……いやいや、1000円でしょう!1000円だけど、レストランで提供する2万円のコースと変わらない熱量で考えたいと思った。サンドイッチみたいな手軽なもので、sioがいつも考えている「五味」をちゃんと吹き込んだメニューを。それで生まれたのが「HEY!バインミー」。そのあと、ビーフシチューや唐揚げ、ハンバーグやチキントーバーライス。気をつけているのは、冷めてもおいしいこと。10時間後を想像しながら作っていました。ただその店の料理をプラスチックのトレーに詰めただけのテイクアウトでお金をとりたくない。店で食べるのとはまた別の、テイクアウトならではのおいしさを味わえるメニューってどんなもの? そう思いながら毎日テイクアウトを続けました。
――それに加えて、「sio贅沢弁当」もやりました。贅沢弁当は、何が「贅沢」ですか?
ただ高級食材を使うだけ、とかの贅沢じゃないです。これは、レストランに行けない人に対しての愛のクリエイティブ。レストランとはまた違う価値をどういうふうにおうちで体験してもらえるか。14品全部、丁寧に、冷めても絶対おいしい料理を詰め込みたかった。お弁当っていうめちゃくちゃ不利な枠組みのなかで、これを乗り越えたかったんです。

「HEY!バインミー」の具は日替わり。

「贅沢弁当」には、ご挨拶状、お品書き、風呂敷、箸がついてくる。

――辛いことも多い状況のなか、コロナ禍で気づかれたことはありますか?
コロナ禍で見えたのは、シェフとして、対面で料理を作ることだけじゃなくて、伝えるとか広めるっていうことの価値や大切さ。お弁当やテイクアウト、レシピのおすそわけはそのツールのひとつだった。お客様がどんな形でも喜んでくれるのが本当に一番だなって、むしろ、改めて自分たちの存在意義に気づかせてもらいましたね。

鳥羽シェフおすすめ!

食材と調味料

SEASONING

パスタ

1.7mmタイプは万能で、さまざまなパスタソースに合う。sioのスペシャリテでは、2.2mmタイプと使い分けています。

オリーブオイル

sioではエクストラバージンとピュアオイルを使い分けています。エクストラバージンは、セドリック・カサノヴァがお気に入り。

はちみつ

甘みを出すときに砂糖ではなくはちみつを使うレシピも。コクが出てぐっとおいしくなります。

塩

塩は好みのものでOKですが、おすすめはマルドンの塩。英国王室御用達ともいわれ、昔ながらの製法で作る海塩はやわらかな味。

粉山椒

山椒の風味は一気に大人の味わいにしてくれます。今はスーパーでも手軽に粉末タイプが入手できるのでぜひ常備して。

粉チーズ

パルメザンをすりおろすのがもちろんベストですが、本書では粉チーズで本格的なプロの味になるレシピをたくさんご紹介しています。

めんつゆ

和の調味料の定番であるめんつゆは、意外にも、パスタやバターと組み合わせるとすてきなマリアージュになります。

すき焼きのたれ

市販のすき焼きのたれ、案外使えるんです。ちゃんと甘辛のいいあんばいに作られているので、隠し味にバッチリ。

鶏ガラスープのもと

身近な調味料ですが、鶏ガラスープのもとは優秀。無添加で、顆粒や粉末のシンプルなものを常備しておいてください。

#おうちでsioをおいしくする

調理道具

COOKING TOOL

フライパン

フライパンはバーミキュラのものが使いやすくておすすめ。お気に入りのものなら、どんなフライパンでもOKです。

鋳物鍋

sioではバーミキュラを使っていますが、熱伝導率のいいふたつき鍋であればどこのメーカーでもOK。お気に入りを見つけて。

スパチュラ

別名ゴムべらです。混ぜる、ぬぐうなど万能に使えて調理が一気に効率的になります。大小揃えておくと便利。

トング

箸でつかみきれないものもささっとつかめます。火入れが肝心なパスタや肉料理に便利。

スケール

ゼロに戻しながらどんどん材料を加えることができるデジタルのスケールがおすすめ。ボウルごとのせて次々に量り入れて。

先の細い箸

先のごく細い箸は、美しい盛りつけに使いやすく、とり分け箸としても◎。sioではヤマチクのものを愛用しています。

ディスペンサー

100円ショップなどで購入できるディスペンサー。油や液体の調味料を入れておくと、キャップの開閉もなく調理がスムーズ。

キッチンばさみ

ちょっとしたカットに、包丁とまな板いらずのはさみは優秀。例えばフライパンやボウルの中でも使えます。

保存容器

冷蔵も冷凍も可能な保存容器がおすすめ。保存のみならず、漬け込みや混ぜる作業にも便利です。保存容器と保存袋を使い分けて。

sioのスペシャリテ
レシピのおすそわけ

sio、o/sio、パーラー大箸で実際に提供している
看板メニューのレシピをお教えします。
おうちでお店の味を味わうことができます。
人気のレシピを抜粋したベスト版#おうちでsio!

o/sioの唐揚げ

唐揚げが、#おうちでsioの原点!
このレシピを投稿したのがはじまりでした。
3分休ませて二度揚げするのがカラリと揚げるポイント。

材料(2〜3人分)

鶏もも肉		500g
A	酒	50mℓ
	醤油	50mℓ
	水	大さじ2
	にんにく(すりおろし)	小さじ1
	生姜(すりおろし)	小さじ1と½
片栗粉		60g
小麦粉		30g
揚げ油		適量

片栗粉と小麦粉は2:1が黄金比!

片栗粉と小麦粉は2:1で。粉をつけるときは、鶏肉をたたむようにして丸めた状態のまま、まぶしつけて。

作り方

1 Aを混ぜ合わせて、鶏肉を30分ほど漬け込む。

2 鶏肉をとり出し、たれをキッチンペーパーなどでふきとる。

3 片栗粉と小麦粉を混ぜ合わせ、鶏肉にまぶす。

4 揚げ油を180度に熱し、鶏肉を3分揚げる(熱さの目安は、ぬれた菜箸を入れてみて、少ししてから泡立ってくる程度)。

5 一度とり出して3分休ませ、仕上げに再び1分揚げる。

奈良漬けタルタル

やみつきの甘じょっぱい味わい。なんにでも抜群に合う!

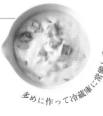

多めに作って冷蔵庫に常備して

材料(作りやすい分量)

奈良漬け		90g
玉ねぎ		⅛個(30g)
A	マヨネーズ	140g
	生クリーム	小さじ1
	はちみつ	小さじ2

作り方

1 玉ねぎをみじん切りにし、奈良漬けを5mm角に切る。

2 Aを混ぜ合わせて1と合わせる。

sioのカルボナーラ

sioのスペシャリテであるカルボナーラといえば、
特別な思い入れのある一品。リクエストの多いカルボナーラを
おうちで食べてほしい、という思いで、レシピをお届けします。

材料(2人分)

パスタ(1.7mm) ……… 160g
パンチェッタ
　(粗いみじん切り) …… 10g
パスタのゆで汁 …… 80㎖
A　卵黄 ………… 1個
　パルミジャーノ・
　　レッジャーノ
　　……… 大さじ2
　生クリーム
　　……… 大さじ2
　水 ……… 小さじ4
　トリュフオイル
　　……… 小さじ2
　こしょう
　… 10振り(小さじ½)
塩 ……… 1つまみ
ピュアオリーブオイル
　……… 大さじ2

作り方

1　鍋に湯を沸かし、パスタを袋の表示時間より1分短めに
　ゆでる(p.23参照)。Aをボウルで混ぜる。

2　パスタのゆで時間が残り5分になったらフライパンにパン
　チェッタとオリーブオイルを入れ、弱めの中火で炒め
　て火を止める。

3　パンチェッタから出た余分な脂をすくう。

4　パスタのゆで汁をフライパンに加え、ゆで上がったパス
　タを入れて全体をなじませるように混ぜ合わせる。

5　Aをパスタにかけて弱火にかけ、ゴムべらでじっくり混
　ぜる。

6　全体的に粘りが出てきたら、塩を加える。

7　器に盛りつけ、仕上げにこしょう(分量外／粗めにひいたも
　のがおすすめ)を振る。

パンチェッタのうまみを出す

あまり動かさずに弱めの中火で。パ
ンチェッタのうまみを引き出すよう
に炒める。

パスタとソースを混ぜる

パスタは少し硬めにゆでているので、
フライパンの中で焦らずソースをか
らめる。ゆで汁を加えたうまみソー
スと麺をからませるイメージ。

ソースのテクスチャー

フライパンを傾けてみて、ソースが
タラーッとゆっくり落ちてくるくら
いになったら、完成。ソースのなめ
らかさがおいしさの分かれ道。

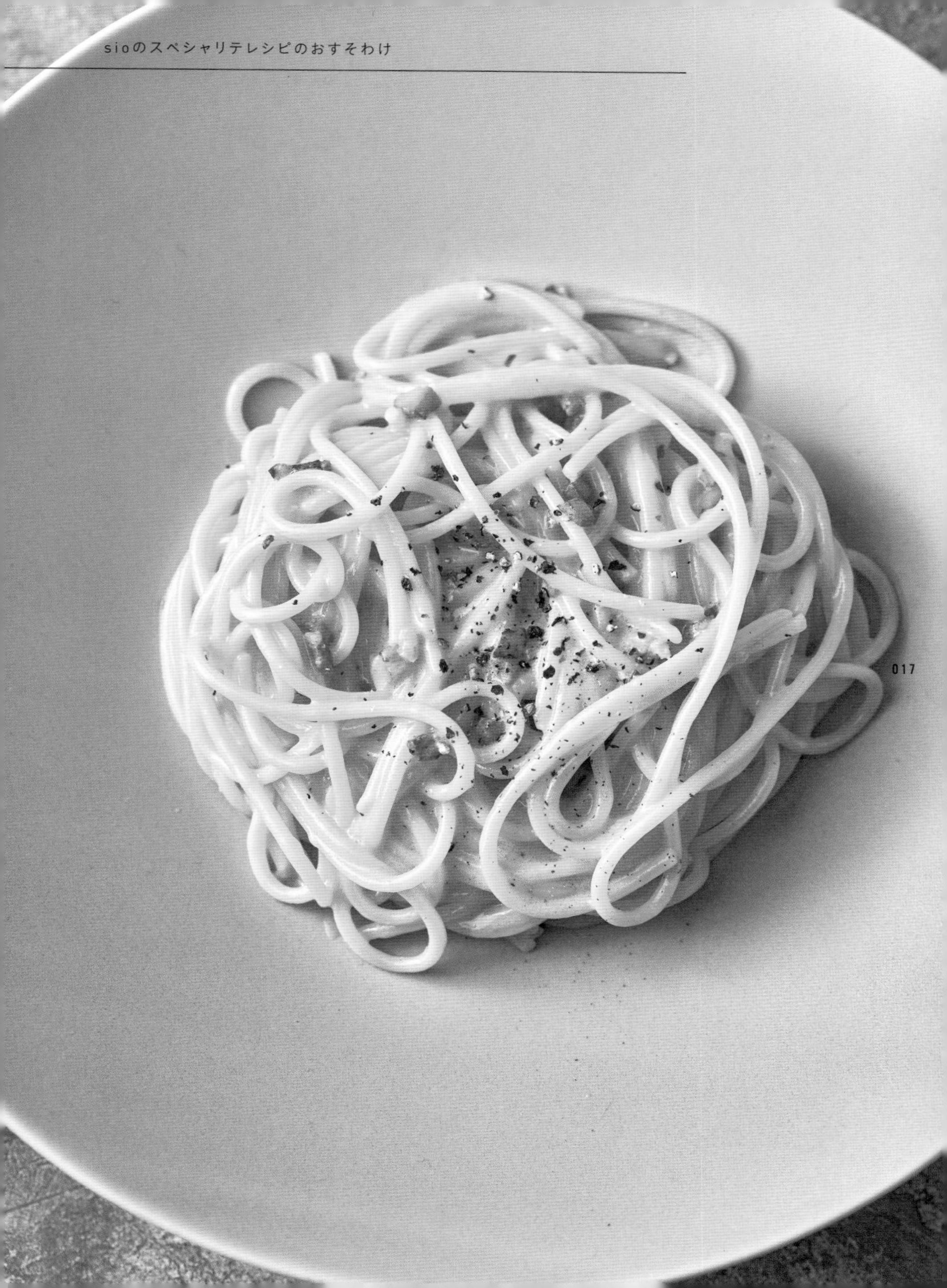

o/sioのナポリタン

o/sio看板メニュー、ナポリタンを超えたナポリタン。
ナポリタンって簡単なようで、味が決まらないっていう声も。
追いケチャにバターと生クリームで、決まる！

材料（2人分）

パスタ(1.7mm)	200g
ウインナー	8本
玉ねぎ	¼個(60g)
マッシュルーム	4個
ピーマン	2個
ケチャップ	大さじ4
	+大さじ8(追いケチャ用)
生クリーム	大さじ2
バター	20g
塩	適量
サラダ油	適量

バターと生クリーム

ケチャップの酸味に、最後に加える隠し
味はバターと生クリーム。これでまろや
かな角のない酸味とうまみに。

作り方

1 ウインナーは斜め薄切り、玉ねぎとピーマン
　は食感が残るように5mm幅くらいの薄切り
　に、マッシュルームは薄切りにする。

2 鍋に湯を沸かし、パスタを袋の表示時間より
　1分短めにゆでる(p.23参照)。

3 フライパンにサラダ油を引いて熱し、1を入
　れて軽く炒めて塩を振る。ケチャップを入れ
　てなじませ、水分が飛ぶまで炒める。

4 ゆで上がったパスタを入れて混ぜる(適量のゆ
　で汁を入れ、炒めずしっとりと炒め煮にするイメージ)。

5 生クリームとバターを入れ、火を止める。追
　いケチャ用のケチャップを入れる。

o/sio

「大衆食堂」というコンセプトを掲げるo/
sio。今まで丸の内にはなかった革新的
なレストラン空間を創造している。

o/sioの明太子パスタ

このメニューの開発は、丸の内 o/sio がオープンし、
ナポリタンが大好評をいただいていた頃。
「ナポリタンに次ぐ感動の一品は何か?」。そんな情熱から、生まれた一品!

材料(2人分)

パスタ(1.7mm)		200g
A	明太子	80g
	にんにくオイル(p.22参照)	大さじ2
	バター	20g
	エクストラバージンオリーブオイル	大さじ1
パスタのゆで汁		60〜80mℓ
にんにくチップ(p.22参照)		適量
こしょう		適量
イタリアンパセリ		適量

作り方

1 鍋に湯を沸かし、パスタを表示時間より1分短めにゆでる(p.23参照)。

2 パスタをゆでている間に**A**をボウルに入れておく。

3 ゆで上がったパスタを**2**のボウルに入れて、さっと混ぜ合わせる。パスタのゆで汁を2回に分けて入れ、ソースをのばしながら手早く混ぜる。

4 器に盛りつけ、にんにくチップ、こしょう、刻んだイタリアンパセリを振る。

ボウルで混ぜる

ボウルで手早く仕上げること。冷めないうちに、ゆで汁とオイルをパスタにしっかりからめるよう「乳化」することで艶やかに仕上がる。

仕上がり水分量

ゆで汁を加えて調節しながら、これくらいの少しゆるい水分量に仕上げて。バサつかず、汁っぽくなりすぎず、がポイント。

にんにくチップとにんにくオイル

このオイルは本当に万能。なんでもおいしくなること間違いなしっ。
炒めているときの香りに悶絶! 多めに作って常備しても。

材料(作りやすい分量)
にんにく (みじん切り) ‥‥‥‥‥‥‥‥‥ 1かけ(10g)
油(サラダ油かピュアオリーブオイル) ‥‥‥‥‥‥‥ 50㎖

作り方
小鍋やフライパンに、にんにくと油を入れて弱火
にかけ、途中で混ぜながら、色づいてきたら火を
止める。キッチンペーパーを敷いたザルの下にボ
ウルを置き、オイルをこしてチップをとりおく。

こんな料理に

●バゲットをオイルに浸して
●サラダのドレッシングと
　トッピングに
●野菜を焼くときのオイルに
●ペペロンチーノなどのパスタ全般に
●肉や魚介のソテーに

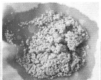

仕上がりの色
これくらいのうすいきつね色に。
焦がしすぎないよう注意。オイ
ルとチップに分けたら、オイル
はビンなどに、チップは保存容
器に入れて保存可能。

022

おいしいパスタを
ゆでるコツ

パスタはゆで方ひとつで格段においしくなります。
言ってしまえば、おいしくゆでたパスタなら、市販のソースでも絶品!
ぜひ実践してみてください。

作り方

1　大きめの鍋に湯の1%重量の塩を加えた(湯
　　1ℓに対して10gの塩を入れる)たっぷりの湯を沸
　　かし、パスタを入れる。

2　ゆで時間は、袋の表示時間より1分短く!　こ
　　こがアルデンテに仕上げる最大のポイント。

3　パスタがくっつかないように途中で2〜3回
　　優しく混ぜる。トングで混ぜるとパスタが傷
　　つくので必ず箸で混ぜる。湯気や鍋が熱いの
　　で、菜箸など長い箸で混ぜると安全。

4　ゆで汁は捨てる前にとりおく。パスタ調理に
　　ゆで汁を加えることで、味の調整をしたり、
　　乳化させてパスタにソースをからみやすくし
　　てくれる。

5　パスタをすくって熱々のうちにフライパンや
　　ボウルで調理する。

023

パーラー大箸の海老フライ

僕にとって、海老フライはロマンなんです。バッター液があれば、
パーラー大箸の海老フライも簡単。黄金比で衣と海老が一体に!

材料(2人分)

海老	大きめ4尾
A 小麦粉	60g
卵	1個
水	大さじ2
塩	適量
パン粉	適量
B ゆで卵(湯から入れて12分ゆでる)	3個
玉ねぎ(あらみじんに切って塩でもむ)	⅛個
ピクルス(みじん切り)	15g
ケッパー(みじん切り)	15g
マヨネーズ	150g
はちみつ	小さじ2
塩	2つまみ
こしょう	少々
揚げ油	適量

作り方

1 ボウルに**A**を入れて混ぜ合わせ、バッター液を作る。**B**は混ぜてタルタルソースを作る。

2 海老の背わたを竹串でとり、殻をむき、尻尾の端を切り落とす。すべての面に切り込みを入れ、優しく押し伸ばし、全体に軽く塩を振る。

3 バッター液にくぐらせ、パン粉を薄くまぶし、サラダ油を170〜180度に熱して2分〜2分30秒揚げる。

4 器に盛り、タルタルソースを添える。好みでキャベツのせん切り、ミニトマト、レモンのくし形切り、パセリなどを添える。

海老の切り込みの入れ方

背と腹は垂直に、側面は斜めに3〜4か所ずつ浅く切り込みを入れる。切り込みを入れることで、揚げたときにくるんと縮んでしまうのを防ぐ。

きれいに切り込みを入れると、海老を置いたときまっすぐに伸びる。このひと手間で、立派な海老フライに。

バッター液

バッター液はこれくらいしたたるテクスチャーが理想。小麦粉と卵を順につけるよりもしっかりと硬い衣に揚げ上がる。

o/sioの生姜焼き

生姜焼きレボリューションっす。
みんな大好きなこれを最高においしく、簡単にしました。
炊きたてのごはんでいくらでもいけちゃいます。

材料(2人分)

豚バラ肉	300g
玉ねぎ	小1個
キャベツ(せん切り)	¼～½個

A
醤油	大さじ3
みりん	大さじ2
酒	大さじ2
水	小さじ2
砂糖	大さじ2
はちみつ	小さじ2
生姜(すりおろし)	大さじ1と½
りんご(すりおろし)	¼個
(なければりんごジュース大さじ2)	

サラダ油	適量
マヨネーズ	適量

作り方

1 **A**を混ぜ合わせる。

2 豚肉を6～7cm幅に切り、玉ねぎは少し厚めのくし形に切る。

3 サラダ油を引いたフライパンで豚肉を色が変わるまで炒める。

4 玉ねぎを入れ、透明になるまで軽く炒める。

5 1を入れて強火で一気に1分ほど煮詰める。

6 器にキャベツとマヨネーズとともに盛りつける。

玉ねぎは食感を残したいから
炒めすぎない

玉ねぎは炒めすぎない。そうすると、でき上がったときに肉と玉ねぎの食感の違いが出て、さらにとろりとたれがからんで美味!

パーラー大箸のビーフシチュー

デミグラスソース缶さえあれば、おうちでもプロの味が再現できます！
ごはんでもパンでもいけちゃう。

材料（2〜3人分）

牛ブロック肉 ························ 300g
ローリエ ····························· 1枚
玉ねぎ（みじん切り）
··················· ½個(100〜120g)
デミグラスソース缶 ···· 1缶（約300g）
西京みそ ··········· 大さじ1と½(25g)
はちみつ ··············· 小さじ2(15g)
塩 ·································· 少々
こしょう ························· 適量
赤ワイン ························ 100mℓ
サラダ油 ························· 適量
つけ合わせの野菜（ゆでた玉ねぎ・にんじん・
　ブロッコリー・マッシュルームなど）
·································· 各適量

作り方

1　鍋に牛肉、水1ℓ、ローリエ、野菜（分量外）
　の端材を入れて火にかける。沸騰したらアク
　をとり、ふたをして弱火で40分〜1時間、
　肉がやわらかくなるまで煮込む。

2　別の鍋にサラダ油を引いて、玉ねぎを入れて
　軽く塩を振り、きつね色になるまで弱火で炒
　める。

3　小鍋に赤ワインを入れて火にかけ、沸騰させ
　てアルコールを飛ばす。

4　2にデミグラスソース缶を入れ、温まったら
　3を加える。

5　4に西京みそ、はちみつを加えて混ぜる。

6　器に1の牛肉、3のデミグラスソース、つけ
　合わせの野菜を盛り、こしょうを振る。

パーラー大箸

3店舗目となるパーラー大箸。ノスタル
ジーを感じさせるインテリアで、メニュ
ーはTHE昭和の喫茶店。牛タンシチュー
やミックスフライ、ととのうプリンがお
すすめ！

西京みそとはちみつ

なんと隠し味は西京みそ。ふつうの白み
その場合は、はちみつを大さじ1にして
甘さを足して。子ども向けや、甘めが好
きな人もはちみつ多めにしてOK。

028

o/sioのポテトサラダ

一見ポテサラ!? と思うビジュアルですが、食べるとちゃんとポテサラ。
甘酸っぱじょっぱいやみつき系です。

材料(4人分)

じゃがいも ……………………………… 3個(400g)
玉ねぎ ………………………………… ⅙個(30g)
きゅうり ……………………………………… ⅓本

A 粒マスタード ……………………… 小さじ1
　 アンチョビ(フィレ) ………… 1と½枚(7g)
　 はちみつ …………………………… 小さじ1
　 マヨネーズ ………………………… 100g
　 生クリーム ……………………… 30〜40㎖
塩 …………………………………………… 適量

作り方

1　じゃがいもを皮のまま塩ゆでして(湯に対して
　 1％重量の塩を入れる)、やわらかくなったらザ
　 ルにあげ、熱いうちに皮をむいてボウルに入
　 れ、なめらかになるまで潰す。

2　玉ねぎときゅうりは薄切りにし、塩もみして
　 水けをしっかりきる。

3　1と2を混ぜ、しっかり冷ましてから、Aを
　 加えてよくあえる。

4　器に盛り、好みで卵黄をといたものをかけ、
　 パルミジャーノ・レッジャーノなどチーズの
　 すりおろし、こしょうを振る。

塩け・酸味・
甘さのマリアージュ

アンチョビの塩けとマスタードの酸味、
はちみつの甘さ、マヨネーズのコクが抜
群のバランス。副菜はもちろん、つまみ
にも最高の味。

o/sioのホッケパクチー

o/sioの大人気メニュー。
ごはんにもお酒のアテにも◎。どっちも止まらなくなるよ。
りんごの食感と甘み、香りが、隠されたおいしさのヒミツ。

材料（2人分）

ホッケ		1尾
パクチー（ざく切り）		2束
りんご（薄切り）		⅙個
赤玉ねぎ（薄切り）		⅙個
A	赤ワインビネガー	大さじ2
	ナンプラー	小さじ1
	醤油※	小さじ1
	エクストラバージンオリーブオイル	
		小さじ1
	はちみつ	大さじ½

パクチーのサラダ

パクチーが主役だが、脇役のりんごと赤
玉ねぎが最高の味のマリアージュをして
くれる。赤玉ねぎのかわりに新玉ねぎで
もおいしい。

※にんにく醤油もおすすめ。

作り方

1 魚焼きグリル（またはフライパン）でホッケを焼
く。

2 Aを混ぜ合わせてドレッシングを作る。

3 ボウルにパクチー、2（適量）を入れて混ぜる。
別のボウルにりんご、赤玉ねぎ、2（適量）を
入れて混ぜる。

4 焼き上がったホッケに3のりんご、赤玉ねぎ
をのせ、その上に3のパクチーを順にのせる。

sioの「おいしい」の思考ノート

1

「こんな料理を作りたい」
着地点を想像してから料理を作る

どういう料理、どういう味を目指すかのゴール設定を決めてから料理をすると、そのためにどうしたらいいかを調理中に自然と気にするようになる！ 例えば、「今日はさらっとしたカレーが食べたいな」と思ったら、じゃがいもは入れないのにしようってね。

おいしいの思考
10か条

2

「うまみ」がメイン。塩けや酸味は
そこに寄り添う調味料であれ

ゴールが設定できたら、ロジックを身につける。料理の「五味」の順番を考えましょう。料理は「うまみ、塩み、甘み、酸味、苦み」という五味で構成されているとして、ここで優先順位が大切。まずは「うまみ」です。塩の味が先にくるのは、素材の味じゃない。あくまで素材を生かすのが、塩。例えば、かつおのだしをとっただけでは、香りはするけどおいしくない。しかしそこに塩を入れると、初めて「うまみ」が立ち上がり、おいしくなる。食材の味を大事にするときは、塩を感じないギリギリのところを狙って。サラダだったら「酸っぱい→しょっぱい」で、最後は「ちょっと甘い」という感じが理想。そうしたら、まずビネガーをきかせ、塩、甘みを加えることを意識しますよね。

3

「クラシックなロジック」を
別のもので代用していく

例えば「ホイップクリーム+いちご(酸味)が合う」というロジックがあったとする。それならば、ホイップクリームにはいちごでないほかの酸味……ブルーベリー、バルサミコ酢なども合うはず。料理の幅を広げたり応用することができます。

4

濃いめの味つけは
「甘じょっぱ」にすることを意識

味の濃いものは必ず「甘い」が勝っているべき。そうすると、「しょっぱい」料理にならない。すき焼きだって、味が濃いけど必ず先に甘みがくるでしょう。醤油だけで煮込んだら、しょっぱいですよね。

おいしいの思考を身につければ、料理は自然とうまくなる

5

うまみに対する酸味と苦み

酸の使い方がうまい人は、料理を制する、と言っても過言ではない。うまみに対しての酸を意識することを心がけましょう。例えば、バターや肉を使ったものにはつけ合わせにサラダが合う。苦みも酸と同様に、うまみに合わせて。ゴーヤーは苦いけどチャンプルーにするとそれが引き立ってうまいですよね。

6

食感を混ぜる

いろいろな食感を入れることでその料理にリズムをつける。リズム感のある料理は食べていて飽きません。食材選びと切り方に工夫をするようになると、おいしさの幅が広がるはず。チョップドサラダみたいに混ぜるだけの料理でも、いろんな食材が入るとおいしいですよね。

7

すべてはカット（切り方）から始まる

切り方ひとつでおいしさは変わります。肉の切り方、野菜の切り方には必ず理由があります。例えば漬け込みたいものは味がしみやすいように断面を広くする。皮をむく、皮をむかない、これだけで仕上がりが変わるのです。

8

器のチョイスは味も左右する

単純に言うと、素敵な器に盛りつけをきれいにしてあると、見た目から満足感があり、おいしさを倍増させてくれますよね。あと、実用的であること。例えば汁っぽいものや、細かく刻んだサラダが平皿に盛ってあったら、食べにくい。器選びも楽しみましょう。

9

なつかしい定番料理をアレンジする

sioの料理はなつかしい料理や伝統的な定番料理を少しアレンジ、アップグレードしたものが多いんです。例えば日本の家庭料理を少し工夫して「ネオおふくろの味」にすることを意識したりしています。どこか新しくも、万人ウケする味に！

10

一番大事なのは「相手への思いやり」！

これまでのロジックもすべて、これに尽きます。家族のため、友達のため、恋人のために作る……それは自分一人で食べるときもそう。作るなら、自分が高まるメチャうまの料理を食べさせてあげましょう。料理が上手な人は優しい人が多いはず！

市販の食材で!?
プロのアレンジレシピ

コンビニやスーパーで買えるパウチのお総菜やパンに、
新しい可能性を見出しました。これはSNSでも話題に。
簡単なのに格段においしくなります。
男性や、初めて包丁を持つ人に、ぜひ作ってほしい。
作ること、食べることの楽しさをおすそわけします。

ふんわり卵海老チリ

たった5分でできる激やば海老チリ。
肉団子酢豚と2品で献立にしてもよし。白いごはんは必須です!

材料(2人分)
海老チリ(市販品) ············ 1袋
(約140g)
卵 ································ 2個
生クリーム ············ 大さじ1
ごま油 ················· 大さじ1

作り方

1 卵は割りほぐし、生クリームを加えて混ぜる。

2 フライパンにごま油を熱し、1を流し入れてスクランブルエッグを作り、器に盛る。

3 海老チリを袋の表示どおりに温めて2にかける。好みで、刻んだ長ねぎを振る。

肉団子酢豚

本当に簡単だけど酢豚!　これ最高。野菜は好みでOKです。
ごはんないとやばいっす。こちらも5分でできますよ。

材料(2人分)
甘酢肉団子(市販品) ········· 1袋
(5個)
にんじん ················ ⅓本
ピーマン ················ 1個
玉ねぎ ·················· ¼個
ケチャップ ············ 大さじ2
めんつゆ(5倍濃縮) ··· 大さじ1
サラダ油 ·············· 小さじ2

作り方

1 にんじんは薄い半月切りに、ピーマンと玉ねぎは一口大に切る。肉団子は袋の表示どおりに温める。

2 フライパンにサラダ油を熱して1の野菜を入れ、歯ごたえが残る程度に炒める。

3 火を止めてケチャップとめんつゆを加えてあえ、肉団子を入れてからめる。

コンビニパンのアレンジ

卵パン＋ハムチーズ

ピーナッツバターサンド＋
チーズ月見

メンチカツバーガー＋
奈良漬けタルタル

マヨコーンパン＋
山椒トースト

卵パン＋
ハムチーズ

コンビニなどによくある卵マヨサラダが入ったパンです。チーズのコクと
ハムの香り、卵のまろやかさがひとつになって、間違いなしのおいしさ。

材料(1個分)

卵パン	1個
スライスチーズ(とけるタイプ)	
	1枚
ハム	1枚

作り方

1　卵パンを電子レンジで軽く温める。

2　ハム、チーズをのせて、オーブントースターでチーズがとけるまで焼く。

042

ピーナッツバターサンド＋
チーズ月見

マジでこれやばい組み合わせ。要するに、みたらし団子!?
甘さと香ばしいしょっぱさがクセになる、止まらないおいしさ。

材料(1個分)

ピーナッツバターサンド	1個
卵	1個
スライスチーズ	1枚
醤油	少々
こしょう	少々
サラダ油	少々

昔からおなじみのピーナッツバターがはさまったサンドイッチパン。最近見かける「粒入りピーナッツ」がおすすめ。

作り方

1　ピーナッツバターサンドに醤油を薄くぬり、チーズをのせてオーブントースターでこんがりと焼く。

2　フライパンにサラダ油を熱して目玉焼きを作り、1にのせてこしょうを振る。

メンチカツバーガー＋
奈良漬けタルタル

大人気の奈良漬けタルタルを作りすぎたら、甘辛だれ系の
バーガーにはさんで。キャベツのせん切りとかあると、さらにいいっす。

材料（1個分）
甘辛だれ系のメンチカツバーガー
.... 1個
奈良漬けタルタル(p.14参照)
.... 適量

作り方
1　メンチカツバーガーを電子レンジで軽く温め、オーブントースターで焼く。

2　奈良漬けタルタルを好みのかげんではさむ。

マヨコーンパン＋
山椒トースト

マヨコーンパンに、たっぷりチーズと山椒を振り、トースターへ。
パンがサクサク。コーンの甘さにピリッとした山椒が最高っす。

材料（1個分）
マヨコーンパン 1個
ピザ用チーズ .... 適量
粉山椒 .... 適量

作り方
1　マヨコーンパンにチーズをたっぷり散らし、粉山椒を振る。

2　オーブントースターでこんがりと焼き、さらに粉山椒を振る。

クミンカマンベール
りんごデニッシュ

サクサク、甘さ、塩け、スパイスの組み合わせで、
おうちなのにしっかりレストランの味！ ぜひ作ってほしい一品。

材料(1個分)
りんご&カスタードの
　デニッシュ ……………… 1個
カマンベールチーズ … 1切れ
クミン(ホール) …………… 少々

作り方
デニッシュにチーズをちぎってのせ、クミンを振ってオーブントースターで焼く。

コンビニチキン南蛮

丼でもサンドイッチでも間違いないっす。タルタルを添えれば最高です。
これは時間のない日にヘビーリピートしてください。

コンビニの
フライドチキン

コンビニのレジ横で売って
いるフライドチキンをごち
そうに！ たれとソースが
決め手。

045

材料(2人分)
コンビニのフライドチキン
‥‥‥‥‥‥‥‥‥‥‥‥2個
卵‥‥‥‥‥‥‥‥‥‥‥2個
玉ねぎ‥‥‥‥‥‥‥‥10g

A	砂糖	大さじ4
	酢	大さじ2
	醤油	大さじ1
	ケチャップ	小さじ1
B	マヨネーズ	大さじ6
	塩	1つまみ
	はちみつ	小さじ½
	こしょう	少々
ベビーリーフ‥‥‥‥適量

作り方

1　チキンは冷たければ電子レンジで軽く温める。Aを
混ぜたれにくぐらせ、たっぷりとからめて食べや
すく切り、器に盛る。

2　玉ねぎは粗めのみじん切りにし、水にさらして水け
をよくきっておく。卵を12分ゆで、殻をむいてフ
ォークなどで潰したら、玉ねぎ、Bと混ぜ合わせ、
タルタルソースを作る。

3　2を1にかけて、ベビーリーフを添える。

ミートソーススパゲッティ

市販品もひと手間でコクがあるお店の味に。
休日のランチにぴったりのパスタ。

材料(2人分)

パスタ(1.7mm)	………	200g
ミートソース缶	………	½缶(150g)
合いびき肉	………	150g
玉ねぎ(みじん切り)	………	⅛個(50g)
塩	………	少々
A ケチャップ	………	¼カップ(50g)
はちみつ	………	小さじ2強(13g)
サラダ油	………	小さじ2
バター	………	5g

作り方

1 鍋に湯を沸かし、パスタを袋の表示時間より
   1分短めにゆでる(p.23参照)。

2 フライパンにサラダ油を熱し、ひき肉を入れ
   て塩を軽く振って炒め、ザルにあげて油をき
   る。続けてフライパンにバターをとかし、玉
   ねぎを入れて食感が残る程度に炒める。

3 2のひき肉と玉ねぎ、ミートソース缶、Aを
   鍋に入れて軽く煮込む。

4 器に1を盛り、3をかける。好みで粉チーズ
   やパセリを振る。

ミートソース缶

市販の缶詰にひと工夫を加え、本格的な
味わいを再現。イチから作るより断然ラ
クだし、市販品をそのまま使うより格段
においしくなる。

肉は炒めすぎない

ひき肉は水分を飛ばしすぎないように注
意。ジューシーさを残すために炒めすぎ
ない程度に加熱して。

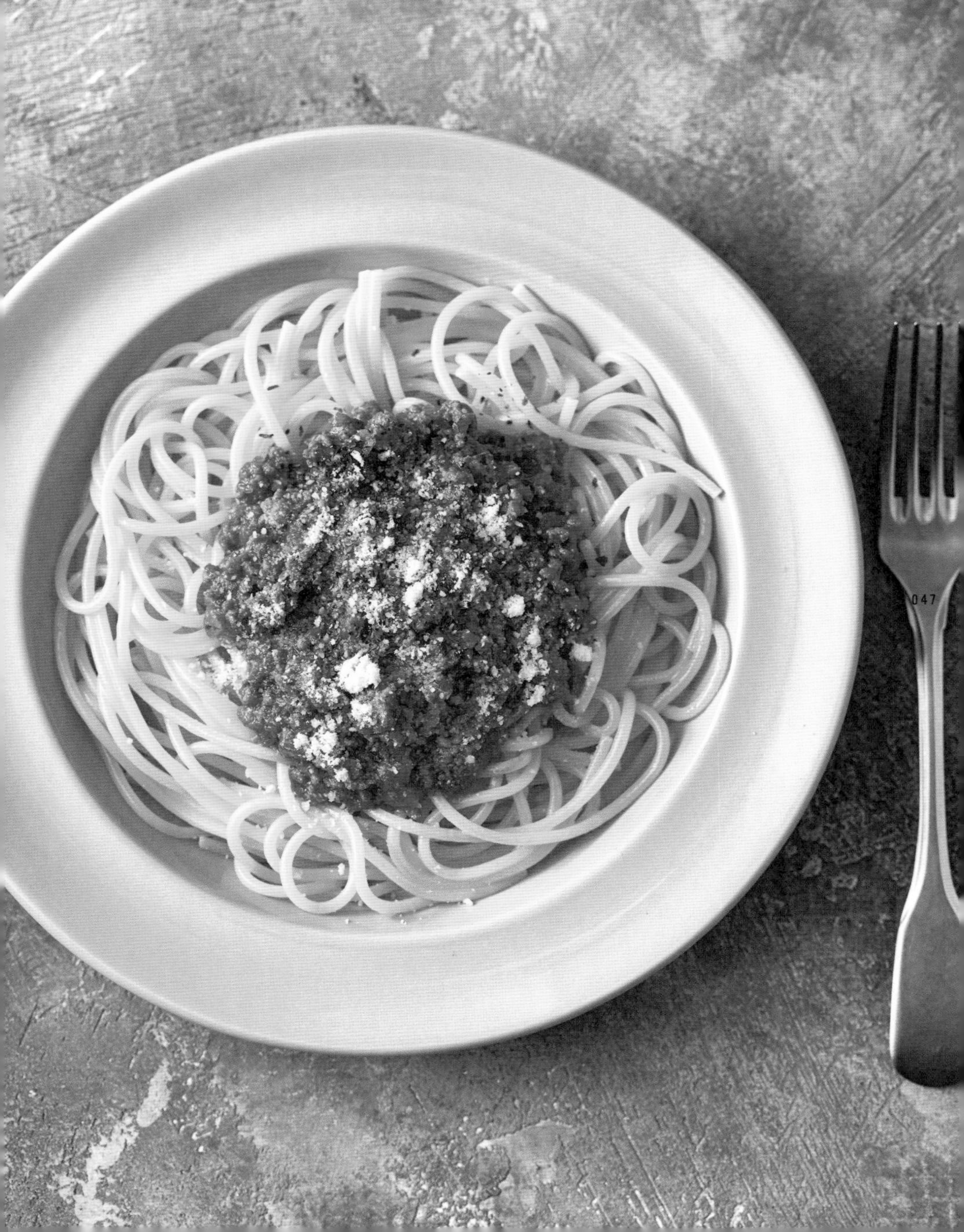

間違いない焼きそば

ちょっとしたコツで野菜のシャキシャキ感を残しつつ、
麺はもっちりなめらかな極上の仕上がりになります。

材料(2人分)

焼きそば麺	2玉
付属の粉末ソース	2袋
豚バラ肉	140g
[好みの野菜]	
キャベツ	2枚
にんじん	¼本
もやし	½袋
イカ天	適量
お好み焼きソース	大さじ2
サラダ油	大さじ1

作り方

1　麺は袋を少し開け、電子レンジで20秒温める。

2　豚肉と野菜は一口大に切り、サラダ油を熱したフライパンに入れて炒める。このとき野菜を炒めすぎないようにする。

3　1を2の上にのせて1分ほど蒸し焼きにする。水でといた付属のソースとお好み焼きソースを加えて炒め合わせる。

4　イカ天を割って散らし、好みで青のりを振る。

鳥羽シェフの愛用
はこれ。

市販のイカ天おつまみ

コンビニやスーパーのおつまみやお菓子コーナーで売っている、昔ながらのイカ天。これで香ばしさが段違いにアップ。

粉末ソースを水でのばす

麺についてくる粉末ソースはもちろん使用。あらかじめ水でのばしておくのがムラなく混ざるポイント。

麺は野菜の上にのせて蒸し焼き

麺は野菜の水分で蒸し焼きにすることで、ふっくらつやつやの仕上がりに。そのためにも、最初に野菜を炒めすぎないのがコツ。

こだわりのごはんの炊き方

材料(作りやすい分量)

米 ······························ 2カップ（360㎖・約300g）

作り方

1 米を3〜4回とぎ、水に15分つける。

2 ザルにあげて水けをきり、15分おく。ここで、吸水後の米の重さを量り、0.85〜0.95倍の重さの水を用意する。重さに応じて水を用意するのがポイント！

3 米と水を鍋に入れ、強火にかける。

4 沸騰したら、ふたをして弱火にし、12分炊く。

5 火を止め、ふたをしたまま5分蒸らす。

POINT

水の量は好みで調整を。硬めが好みなら0.85倍、やわらかめが好みなら0.95倍で試してみて。

オーブンで炊く場合

粒の立ち方、硬さ、
噛んでいくと甘さが半端ない！

sioではバーミキュラを使用し、オーブンでお米を炊いている。今回は、ご家庭でも鍋でごはんが炊けるように手順をアレンジしたが、オーブンで炊く場合は、火にかけて沸騰したあとで、火からおろして220度のオーブンに入れ、12分加熱する。5分蒸らしたら完成。

おいしいごはんはそれだけでもごちそうですよね。高級炊飯器も数多く販売されていますが、ポイントを押さえればふつうの鍋でも最高のごはんを炊くことができます。
sioではバーミキュラを使用していますが、家にある厚手の鍋ならOKです。

しらす丼

炊きたてのごはんにしらすとオリーブオイル。香りが立って、たまらないっす!

材料(2人分)
あたたかいごはん ―――――――― 適量
しらす ―――――――――――― 60g
牡蠣醤油 ――――――――― 小さじ2
エクストラバージンオリーブオイル
―――――――――――― 小さじ1

オリーブオイル
醤油やしらすなど和の食材にオリーブオイルをたらすことで、香りがグッと引き立つ。オイルは香り高いエクストラバージンがおすすめ。

作り方
ごはんを茶碗に盛り、しらすをのせ、牡蠣醤油、オリーブオイルをたらす。好みで万能ねぎの小口切り、いり白ごまを振る。

鳥羽シェフ渾身の
オリジナルレシピ
＃おうちでsio

＃おうちでsio用に、特別に開発したレシピを
たっぷりご紹介します。
5分、10分で作れるレパートリーが増えると
ごはん作りがぐっとラクになりますよね。
SNSで好評だったものも、すべてまとめました。

激うま10分ハヤシライス

逆に煮込みすぎないのがおいしい。早いしうまいし、一石二鳥っすね！
お子さんには、甘めが喜ばれます。

材料（4人分）

あたたかいごはん	適量
牛薄切り肉	250g
玉ねぎ	小1個
デミグラスソース缶	1缶（約300g）
野菜ジュース（100%）	100mℓ
バター	20g
みりん	大さじ2
ケチャップ	大さじ2
醤油	小さじ1
塩	小さじ1/3〜1/2
砂糖	大さじ1/2〜1
サラダ油	大さじ1

作り方

1 玉ねぎは1cm幅のくし形に切る。

2 フライパンにサラダ油を熱して牛肉を入れ、塩、こしょう各少々（分量外）を振って炒め、ザルにあげる。

3 2のフライパンにバター10gと1を入れて軽く炒め、牛肉を戻し入れる。みりん、野菜ジュース、水100mℓ、デミグラスソース缶、ケチャップを加えて混ぜながら軽く煮込み、醤油、塩、砂糖を加える。味を見て塩、砂糖で好みの味にととのえ、仕上げにバター10gを加えて混ぜる。

4 器にごはん、3を盛る。

デミグラスソース缶でラクラク

スーパーなどで売っているデミグラスソース缶。これさえあれば本当に時短！野菜ジュースでさらに野菜のうまみをプラスする。

肉はさっと炒めてとり出す

肉も玉ねぎも炒めすぎない、これがポイント。肉は火を通したらいったんとり出して。

トバガパオ

間違いない甘じょっぱいおかずです。
ごはんも卵も混ぜながらいっちゃってください。
ちなみにココナッツミルクを加えるのがトバ流ガパオ。

材料(2 ～ 3 人分)
あたたかいごはん ───────── 適量
鶏ひき肉(もも) ───────── 400g
パプリカ(赤・黄) ──────── 各½個
ピーマン ──────────── 2個
生姜(すりおろし) ──────── 小さじ2
A ナンプラー ──────── 大さじ1
ココナッツミルク ────── 80㎖
スイートチリソース ───── 大さじ3
砂糖 ───────────── 大さじ2
醤油 ───────────── 小さじ1
サラダ油 ──────────── 適量
バジル(フレッシュ) ────── 適量
目玉焼き ─────────── 2～3個

作り方
1 パプリカ、ピーマンは5㎜角に切る。

2 フライパンにサラダ油を熱し、1を炒める。
ひき肉を加えて炒め、生姜を入れる。Aを加
え、汁けを飛ばしながら軽く煮込む。

3 器にごはん、2を盛り、バジル、目玉焼きを
添える。あればライムをしぼる。

056

バジル

バジルを加えてひき肉を炒めるのが本来
の「ガパオ」。好みのかげんで好きなだ
け加えてOK。

汁けが適度に飛ぶくらいで

煮詰まってきたら、これくらいまで汁け
が減ったところででき上がり。さっと炒
めてできるので、案外簡単!

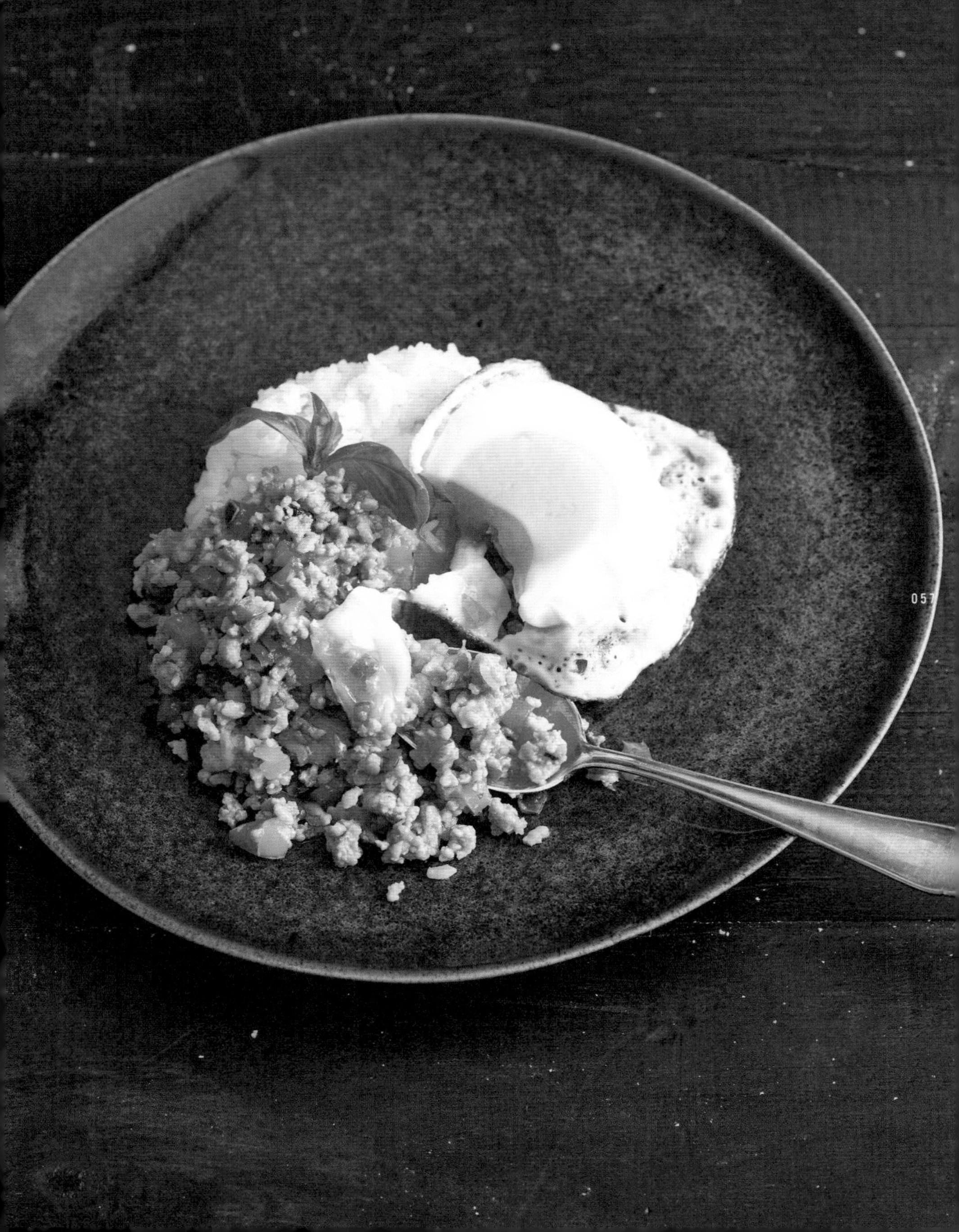

万能お米でパラパラチャーハン

ついにできてしまいました。びっくりするくらいパラパラ。
家庭の火力でもまさかのパラパラ。これ、隠れた名作なんすよね。
わかりやすく言うと、パラパラピラフを炊いてチャーハンを作ります。

材料(2人分)
炊いた万能お米(下記参照)
--------------------------------- 260g
卵(ときほぐす)--------------- 2個
ベーコン ---------------------- 40g
かまぼこ ---------------------- 40g
長ねぎ ---------------------- ⅔本
醤油 ------------------------ 小さじ2
塩 --------------------------- 小さじ1
こしょう ---------------------- 少々
うまみ調味料 ------------------ 少々
サラダ油 -------------------- 大さじ4
万能ねぎ(小口切り)--------- 適量

作り方

1　ベーコンとかまぼこは5mm角に、長ねぎは粗めのみじん切りにする。

2　フライパンにサラダ油を熱し、とき卵を流し入れ、万能お米を入れて混ぜながら炒める。

3　ベーコン、かまぼこ、塩、こしょう、うまみ調味料を加えて炒め合わせ、長ねぎを入れて炒める。仕上げに、鍋肌から醤油を回し入れて炒める。

4　器に盛り、万能ねぎを散らす。

炒めるのは
ささっとでOK!

炒めるのがポイントではない。どんなにズボラに炒めても、米の炊き方ひとつでパラパラ&しっとりと仕上がる。

059

必見！ 万能お米の炊き方

そのまま食べても絶品です。
チャーハンにしても、リゾットにしても、うなるおいしさ。
お米を洗わないことでパラパラになります。

材料(作りやすい分量)
米(洗わない)---------------- 250g
鶏だし汁
　(顆粒だし小さじ2を湯でとく)
------------------------- 300mℓ
醤油 ---------------------- 小さじ1
サラダ油 ------------------- 小さじ2

作り方
米は鍋に入れ、鶏だし汁、醤油、サラダ油を入れて10分おき、強火にかける。沸騰したら弱火にしてふたをし、12分炊いて火を止め、5分蒸らす。

しっとり鶏胸肉で
チョップドサラダ

チョップドサラダって、好きな具を、好きな形に切っていい。
自分用にも、誰かのためにも！
しっとり鶏胸肉はぜひ作りおきしてください。

材料（2人分）

しっとり鶏胸肉(p.61参照) ‥ 50g
チェダーチーズ ‥‥‥‥‥‥ 40g
パプリカ(黄) ‥‥‥‥‥‥ ½個
キウイ ‥‥‥‥‥‥‥‥‥ ½個
ミニトマト ‥‥‥‥‥‥‥ 6個
オレンジ ‥‥‥‥‥‥‥‥ ½個
ブロッコリー ‥‥‥‥‥‥ ⅛個
ロメインレタス ‥‥‥‥‥ 3枚
トレビス ‥‥‥‥‥‥‥‥ 3枚
好みのナッツ ‥‥‥‥‥ 10粒
キヌア ‥‥‥‥‥‥‥ 大さじ2
A｜エクストラバージン
　　オリーブオイル‥大さじ2
　　ホワイトバルサミコ酢
　　またはりんご酢
　　‥‥‥‥‥ 大さじ1と½
　｜塩 ‥‥‥‥ 小さじ⅓～½
パルミジャーノ・レッジャーノ
‥‥‥‥‥‥‥‥‥‥‥‥ 適量

作り方

1 キヌアと小房に分けたブロッコリーをそれぞれ下ゆでしておく。

2 材料を食べやすい大きさに切る(鶏肉、パプリカ、オレンジは1.5～2cm角、ロメインレタス、トレビス、塩ゆでしたブロッコリー、キウイは2～3cm角、ミニトマトは半割り、チェダーチーズは1cm角、ナッツは砕く)。

3 大きめのボウルに具材をすべて入れて、Aを加えてさっくりと混ぜ合わせて、器(深さのあるボウルタイプがおすすめ)に盛り、仕上げにパルミジャーノ・レッジャーノを散らす。

※味を見ながら調味料の量は調整。

しっとり鶏胸肉

材料(作りやすい分量)

鶏胸肉	1枚
塩	肉に対して1%重量

（鶏胸肉300gであれば3g）

作り方

1　鶏肉に塩を振り、30分ほどおく。

2　沸騰した湯に鶏肉を入れると、湯の温度が下がるため、ふたをして10秒加熱する。

3　火を止めて、ふたをしたまま湯の中で26分そのままおく。

4　水けをきって食べやすく切る。

無限パスタ1 ～塩こぶバターときのこ～

とにかく簡単。子どもも大人も大好きなパスタって
毎日無限に作りたいものですよね。

材料（2人分）

パスタ(1.7㎜) ─────── 200g
きのこ(今回はしめじ、まいたけ、
　エリンギ)───────── 100g
塩、こしょう ───── 各少々
A ┌ 塩こぶ ─────── 3つまみ
　│ めんつゆ(5倍濃縮)
　│ ───────── 小さじ2
　└ バター ─────────── 20g
サラダ油 ───────── 大さじ1
青じそ(せん切り) ──── 2～3枚

作り方

1 きのこは石づきをとって食べやすくほぐしたり、切る。鍋に湯を沸かし、パスタを袋の表示時間より1分短めにゆでる(p.23参照)。 A をボウルで混ぜる。

2 フライパンにサラダ油を熱し、きのこを入れて塩、こしょうを振り、炒める。

3 ボウルに1のパスタ、2、 A を入れてあえる。

4 器に盛り、青じそを散らす。好みで刻みのりやごま油を振る。

無限パスタ2 〜塩こぶチーズととろとろ卵〜

ダブル卵、これがポイント。
難しく考えないでカルボナーラみたいに食べてほしい一品!

材料(2人分)

パスタ(1.7mm)		200g
卵		4個
A	塩こぶ	2つまみ
	めんつゆ(5倍濃縮)	
		小さじ2〜大さじ1
	バター	40g
	粉チーズ	20g
サラダ油		大さじ2

作り方

1 フライパンにサラダ油大さじ1を熱し、半熟の目玉焼きを2つ作る。さらにサラダ油大さじ1を熱し、両面焼きの目玉焼きを2つ作る。

2 ボウルに A を入れ、両面焼きの目玉焼きを粗めに刻んで加え、混ぜる。

3 鍋に湯を沸かし、パスタを袋の表示時間より1分短めにゆでる(p.23参照)。

4 パスタの湯をきり、2 に加えて混ぜる。

5 器に盛り、半熟の目玉焼きをのせて好みでこしょうを振る。

普段使いのパスタは
1.7mm

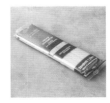

購入しやすく、扱いやすい。
もちろん、好みで選んで
OK。

おうち版！カルボナーラ

カルボナーラは、sioのスペシャリテ。なんとかレシピ化したい、作ってほしい、という思いで最大限に簡単に、おいしくしました。

材料(作りやすい分量)

パスタ(1.7mm)		100g
A	粉チーズ	大さじ2弱
	卵黄	2個分
	生クリーム	小さじ1
	水	小さじ2
	醤油	小さじ⅓
パスタのゆで汁		100ml
ベーコン(ブロック)		40g
ピュアオリーブオイルまたはサラダ油		大さじ2
こしょう		適量

ベーコン&醤油

p.16で紹介したお店のカルボナーラもおいしいけれど、簡単カルボも同じくらいうまみが出るようにしている。ベーコンと醤油が秘訣!

作り方

1 ベーコンは5mm角の棒状に切る。

2 鍋に湯を沸かし、パスタを袋の表示時間より1分短めにゆでる(p.23参照)。**A** をボウルで混ぜる。

3 フライパンにオリーブオイルを熱し、ベーコンを炒める。両面に焼き色がついたら、油を8割ほど除く。パスタのゆで汁を加え、火を止めてゴムべらでフライパンについたうまみをこそげとりながら混ぜる。

4 ゆで上がったパスタを入れ、ベーコンのうまみをからめる。**A** を加え、ゴムべらで優しく混ぜて弱火で加熱する。卵が固まり始めたら火からおろして、濃度をチェックする。フライパンを斜めにし、ゴムべらで卵液をこそげ、少し遅れて流れてくるくらいならOK。

5 器に盛りつけ、仕上げにこしょうをたっぷり振る。

トマトとみょうがの
カッペリーニ

さっぱりしていて、フルーティなやみつきパスタ。
カッペリーニのかわりにそうめんでも。

材料(2人分)

カッペリーニ	160g
ミニトマト	16個
オレンジ	½個
みょうが(せん切り)	1個
生姜(せん切り)	2かけ

A　塩 ……………………… 2つまみ
　　野菜ジュース(100%) …… 大さじ2
　　ホワイトバルサミコ酢、エキストラ
　　　バージンオリーブオイル … 各小さじ4
　　はちみつ ………………… 小さじ2

カッペリーニ

カッペリーニはパスタ
の中でも細いタイプ。
冷製パスタにぴったり。
ふつうのパスタでもお
いしいけれど、ぜひ入
手してみて。

065

作り方

1　カッペリーニを袋の表示どおりにゆで、氷水でしっかりとしめ、ザルにあげる。

2　ミニトマトは四つ割りに、オレンジはうす皮をむき、1つの房を3等分にする。

3　ボウルに水けをよくきったカッペリーニを入れ、A、ミニトマトを加えて混ぜる。

4　器に盛り、オレンジ、みょうが、生姜をのせる。

10分で親子丼

これはやばい、缶詰の可能性を最大限に引き出したレシピ。
卵の2段階とろとろ術がコツ！

066

材料（2人分）

あたたかいごはん ……… 適量
焼き鳥缶 ……………………… 2缶
玉ねぎ（薄切り）…………… ¼個
めんつゆ（5倍濃縮）…… 大さじ3
砂糖 …………………………… 小さじ2
卵（ときほぐす）…………… 4個
三つ葉 ………………………… 2本

作り方

1　小鍋に焼き鳥缶、めんつゆ、水120mℓ、砂糖を入れて混ぜ、玉ねぎを入れてひと煮する。

2　とき卵の7割を回し入れ、ふたをして弱火で1分煮る。残りのとき卵を回し入れて30秒煮て、半熟の状態で火を止める。

3　器にごはんを盛って2をのせ、仕上げに刻んだ三つ葉と、好みで粉山椒を振る。

焼き鳥缶
焼き鳥缶はたれ味を選んで。このたれで、何杯でもいける親子丼ができる。見つけたら常備して。

卵は2回に分けて
半熟仕上げに
卵は2回に分けて入れ、最後に入れた卵は半熟のうちに火を止めて、ごはんにのせる。完成度の高い半熟親子丼に。

ロマンの豚丼

男子は好きですよね。老若男女の胃袋をつかめるレシピ。

材料(2人分)

あたたかいごはん	適量
豚バラ肉(しゃぶしゃぶ用)	400g
玉ねぎ(薄切り)	½個

A 醤油、みりん、酒、水 …… 各100mℓ
　砂糖 …… 大さじ3
　生姜(すりおろし) …… 大さじ2

卵黄	2個分
万能ねぎ(小口切り)	適量
七味唐辛子	適量

作り方

1　豚肉は食べやすい大きさに切る。

2　小鍋に A を入れて混ぜ、加熱してアルコールを飛ばす。

3　玉ねぎを入れてしんなりしたら、1 を入れて火を通す。

4　器にごはんを盛って 3 をかけ、卵黄をのせる。万能ねぎ、七味唐辛子を振る。

むしろこちらが究極！
鶏胸肉のふんわり唐揚げ

この胸肉の唐揚げは、実はもも肉よりインパクトも強く衝撃的です。
むしろ一番体感してほしいレシピです。
とにかくジューシーさを感じてください。

材料(2人分)

鶏胸肉		1枚(300g)
A	酒	小さじ5
	にんにく(すりおろし)	小さじ½
	生姜(すりおろし)	小さじ½
	塩	小さじ⅓
	砂糖	小さじ1
	水	大さじ1と½
B	粉山椒	少々
	塩	1つまみ
	こしょう	少々
	うまみ調味料	少々
片栗粉		大さじ5 (約50g)
小麦粉		大さじ5 (約50g)
揚げ油		適量

作り方

1 鶏肉は6等分に切る。

2 1に**A**をもみ込み、10分ほどおいて下味をつける。

3 片栗粉と小麦粉を混ぜ、2にまぶしつける。

4 揚げ油を180度に熱し、3を3分揚げて油をきる。3分休ませ、再び1分ほど揚げて油をよくきる。

5 ボウルに**B**を入れて混ぜ、4を熱いうちに入れてまぶす。

やや大きめの一口大に

鶏肉はこれくらいの一口大に切って下味をつけると、ふんわりとした食感に。皮がついていたら、とって。

ミックススパイス

山椒を使った、和の風味のきいたミックススパイス。これがクセになる！ 揚げたての熱いうちに、まぶしつけて。

ハンバーグ

めちゃめちゃふわふわにできます。
やっぱ王道は、デミグラスハンバーグ。家にある調味料で再現しました。

材料(4人分)

合いびき肉 ・・・・・・・・・・・・・・ 500g

玉ねぎ ・・・・・・・・・・・・・・ ¼個(50g)

A パン粉 ・・・・・・・・・・・・・・・・ 50g
ケチャップ ・・・・・ 大さじ2
ナツメグ ・・・ 小さじ2と½

B 塩 ・・・・・ 7g(肉の約1.3%重量)
玉ねぎ(みじん切り) ・・・ ¼個
牛乳 ・・・・・・・・・・・・・・・ 50mℓ

[ソース]

きのこ(しめじ、まいたけ、
エリンギなど) ・・・・・・・・・・ 100g

玉ねぎ ・・・・・・・・・・・・・・・・・・ ½個

バター ・・・・・・・・・・・・・・・・・・ 70g

C ウスターソース
・・・・・・・・・・・・・・ 大さじ5と½
みりん ・・・・・・・・ 大さじ3
ケチャップ
・・・・・・・・・・・・・・ 大さじ3と½
生クリーム ・・・・ 大さじ1
野菜ジュース(100%)
・・・・・・・・・・・・・・ 大さじ2
お好み焼きソース
・・・・・・・・・・・・・・ 大さじ1
砂糖 ・・・・・・・・・・・・ 小さじ4

作り方

1 玉ねぎは粗いみじん切りにし、油を引いたフライパンで飴色になるまで炒める。

2 ボウルにひき肉、合わせておいた**A**、**B**、粗熱をとった**1**を入れて混ぜる。

3 氷水を入れたボウルを用意し、その上に**2**のボウルを重ね、冷やしながらよくこねる。

4 4等分にして楕円に成形し、ラップをして冷蔵庫で15分ほど休ませる。

5 ソース用の玉ねぎは5mm幅の薄切りに、きのこは食べやすい大きさにほぐしたり、切る。

6 小鍋にバター40gをとかし、玉ねぎときのこを炒め、軽くしんなりしたら**C**を加えて軽く煮立たせる。

7 **4**の形を整え直して、フライパンで弱めの中火で3分焼く。焼き色がついたら上下を返し、ふたをして弱火で10〜12分蒸し焼きにする。

8 **6**にバター30gをとかして全体になじんだら、器に盛ったハンバーグにかける。

ナツメグはたっぷり!

肉だねのつなぎにケチャップを入れるのがポイント。そのときに、たっぷりのナツメグも混ぜる。ナツメグは多いくらいがおいしい。

070

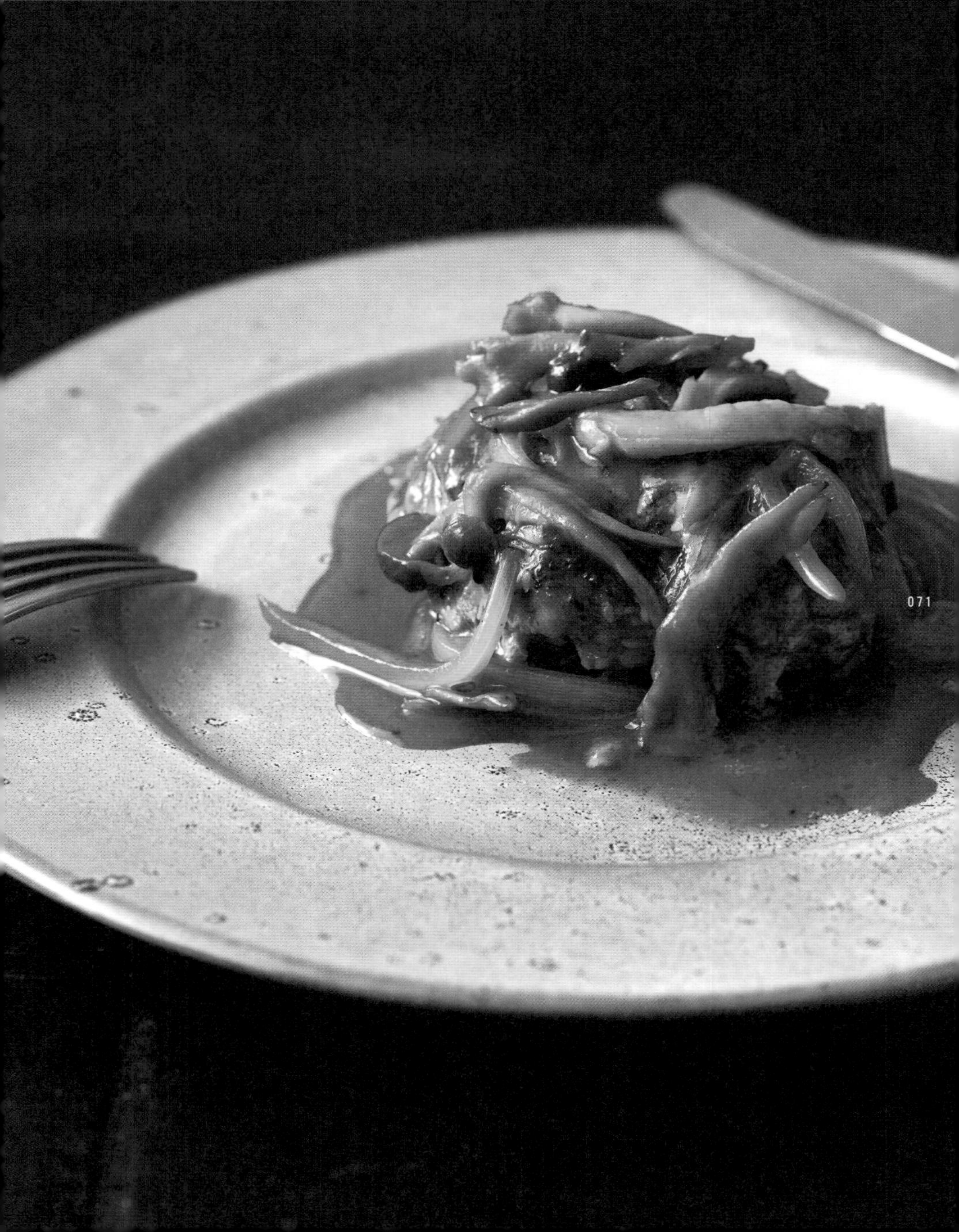

sioのたれ・ドレッシングバリエ

たれとドレッシングさえあれば、肉や野菜にかけるだけで本格的な仕上がりに。

焼肉のたれ

材料(作りやすい分量)

みりん	100㎖
醤油	大さじ2
砂糖	小さじ4
にんにく	小さじ½
生姜(すりおろし)	小さじ1
コチュジャン	小さじ½
ごま油	小さじ½
はちみつ	小さじ1弱

作り方

1 みりんを小鍋に入れて火にかけ、ア
   ルコールを飛ばす(火が上がることがあ
   るので注意)。

2 残りの材料を加えて混ぜる。

牛ステーキはもちろん、パリッと焼いた鶏もも肉にも最高

072

くんせいオイルのおかげでBBQ味を再現! ネットで買える

BBQソース

材料(作りやすい分量)

お好み焼きソース	大さじ3と½
ケチャップ	大さじ3
はちみつ	大さじ2
くんせいオイル	小さじ1

作り方
すべての材料を混ぜ合わせる。

万能カルパッチョだれ

材料（作りやすい分量）

トマト	⅓個
グレープフルーツ	⅙個
パプリカ（黄）	¼個
玉ねぎ	⅛個
みょうが	½個
A ┌ ホワイトバルサミコ酢	
またはりんご酢	大さじ2
エクストラバージン	
オリーブオイル	大さじ3
塩	3つまみ
└ 砂糖	小さじ1

作り方

1　野菜と果物はすべて5mm角に切る。

2　1とAを混ぜ合わせる。

白身魚、サーモン、ほたてなど、どんなカルパッチョにも合う

073

たとえグリーン野菜だけでもおいしくなるドレッシング

シンプルなドレッシング

材料（作りやすい分量）

ホワイトバルサミコ酢	
またはりんご酢	大さじ3
エクストラバージン	
オリーブオイル	大さじ3
塩	3つまみ
はちみつ	小さじ1

作り方

すべての材料を混ぜ合わせる。

焼かないガチステーキ

テレビでも話題！　焼かないで揚げるのに、脂っこくない！
ふんわりやわらかく、ベストなレアかげんを演出してくれます。

材料（1人分）

牛ステーキ肉（2cm厚さ）
　　　　　　　100〜120g
塩、こしょう　各適量
A　卵黄　　　1個分
　すき焼きの割り下
　　　（市販品）
　　　　　　大さじ1〜2
サラダ油　　　　適量
［春菊のサラダ］
春菊　　　　　　½株
B　塩　　　　　少々
　ホワイトバルサミコ酢
　またはりんご酢、
　エクストラバージン
　オリーブオイル
　　　　　　各ひと回し
　はちみつ
　　　　　　　2〜3滴

作り方

1　牛肉は冷蔵庫から出して2時間ほど常温に戻す(冷たいまま
　調理すると外だけ焼けて中が生になってしまうため)。

2　1の筋が目立つ部分は切り落とし、両面に塩、こしょうを
　振る。

3　春菊は葉の部分をちぎって水で軽く洗い、水けをよくきっ
　て冷蔵庫で冷やしておく。

4　サラダ油を鍋底4cm程度まで入れて180度に熱し、2の牛
　肉を入れて1分30秒素揚げする。途中で上下を返しながら、
　均一に火が入るようにする。

5　肉をとり出してキッチンペーパーで表面の脂をふきとった
　ら、アルミ箔で包んで5分おく。

6　再び180度の油で1分素揚げする。一口大に切って器に盛
　りつけ、混ぜ合わせたAをかける。

7　冷やしておいた春菊にBを順に加えて混ぜ、6に添える。

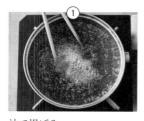

油で揚げる

ステーキなのに揚げるの!? と思う
かもしれないが、油で肉を素揚げに。
脂っぽくならないのが驚き。

アルミ箔に包んで余熱を通す

これがちょうどいいレアかげんの秘
訣。ふわふわのレアステーキになる。

これくらいのレアかげんがベスト

切ったときに少し肉がピンクに色づ
いているくらいがベスト。厚めのス
テーキなら斜めに包丁を入れると食
べやすい。

パリパリチキンステーキ

チキンをパリッパリに焼く方法、知ってますか？　必殺技は、扇風機です！

材料（2人分）

鶏もも肉		2枚(500〜600g)
塩(肉の約1％重量)		5〜6g
A 甜麺醤(テンメンジャン)		大さじ4
はちみつ		小さじ4
バター		20g
水		大さじ4
好みの野菜 (今回は長ねぎ)		適量
サラダ油		適量

076

作り方

1 鶏肉は身のほうのみにラップをし、皮目を上にしてバットや器にのせて1〜2時間おく。扇風機などがあれば風を当てるとよい。

2 全体に塩をまぶす。

3 フライパンを強火で熱し、サラダ油小さじ1を入れてなじませる。底面全体からゆらゆらと煙が出てきたら油を除き、強めの弱火にして鶏肉の皮目を下にして入れ、ふたをして7分焼く。

4 ふたをとり、上下を返して1分焼く。再び上下を返し、へらなどでときどき押さえながら2分ほど焼く。皮目がパリッとしたらいったん取り出し、皮目を上にして1分休ませる。

5 別のフライパンで野菜を香ばしく焼き上げる。

6 4のフライパンを軽く洗って水けをふきとり、Aを入れて熱しながら混ぜる。

7 4の鶏肉を食べやすく切り、器に盛って5を添え、6をかける。

カサカサになるまで乾かす

皮にはラップなどをあえてせず、鶏肉の表面を乾かすのが、パリパリに焼く秘訣。扇風機があれば、鶏肉に当てて、しっかり乾かして。

卵サンド

卵サンドって結局、王道がおいしい。粗く刻むのがポイントです。

材料(作りやすい分量)

食パン(6枚切り　耳は切る)
------------------------ 2枚
卵 ------------------ 2個
玉ねぎ -------------- ⅛個

A｜マヨネーズ ----- 大さじ4
　　はちみつ -------------- 少々
　　塩 -------------- 1つまみ
　　こしょう ------ 適量(多め)

作り方

1　玉ねぎは粗めのみじん切りにし、水にさらして辛み
　　を抜いたら、水けをよくきっておく。

2　卵は沸騰した湯で12分ゆでる。冷水にとり、殻を
　　むいて粗めに潰す。

3　1、2、Aを混ぜ合わせる。

4　食パンに3をたっぷりとのせて、もう1枚の食パン
　　ではさみ、食べやすく切る。

きゅうりのピクルス

材料（2人分）

きゅうり ―――――――― 2本

A ナンプラー ―――― 小さじ1

ホワイトバルサミコ酢

またはりんご酢

――――――― 小さじ2

塩 ――――――― 2つまみ

エキストラバージンオリーブ

オイル ――――― 小さじ1

作り方

1　きゅうりはめん棒などで軽くたたき、食べやすい大きさに手で割る。

2　ポリ袋かファスナーつき保存袋に1とAを入れて軽くもみ、味をなじませる。

キャロットラペ

材料（2人分）

にんじん ――――――――― 1本

塩 ―――――――――― 2つまみ

A ホワイトバルサミコ酢

またはりんご酢

――――――― 大さじ2

エキストラバージンオリーブ

オイル ――――― 大さじ1

はちみつ ―――― 小さじ2

クミン（ホール）

――――――― 1つまみ

作り方

1　にんじんはせん切りにし、塩を振って軽くもみ、水けをしぼる。

2　ボウルに1、Aを入れてあえる。

無限ピーマン

材料（2人分）

ピーマン ―――――――― 4個

A 塩こぶ、ポン酢醤油

各大さじ1

ごま油 ――――― 大さじ½

作り方

1　ピーマンは細切りにして耐熱容器に入れ、ラップをして電子レンジで1分30秒加熱する。

2　Aを加えて混ぜる。

きゅうりのピクルス

キャロットラペ

079

無限ピーマン

リボリータ

にんじんポタージュ

豚汁

リボリータ

材料(4人分)
にんじん	½本
玉ねぎ	½個
さつまいも	½本(100g)
ズッキーニ	½本
セロリ	⅓本
キャベツ	1枚(40g)
白菜	1枚(40g)
ベーコン	50g
鶏ガラスープのもと	小さじ1
トマト缶(カット)	大さじ5
塩、こしょう	各適量
エクストラバージンオリーブオイル	適量
粉チーズ	適量

作り方
1　ベーコンと野菜は1cm角に切る。

2　鍋にオリーブオイル小さじ1〜2を弱火で熱し、ベーコン、玉ねぎ、ズッキーニ、にんじん、セロリ、さつまいも、キャベツ、白菜の順で炒めていく(その都度ほんの少量の塩を振る)。さつまいもの角がやわらかくなって少し丸みが出るくらいまで炒め煮にする。

3　水1ℓを加えて沸騰させ、アクをとる。鶏ガラスープのもと、トマト缶を入れ、約半量になるまで弱火で15分ほどコトコト煮る。

4　塩、こしょうで味をととのえる。

5　器に盛り、オリーブオイルとチーズを振る。

野菜のうまみを引き出す

角切りの野菜を炒め煮にすることで、うまみを引き出す。同じくらいの大きさになるように材料を切って。

にんじんポタージュ

材料(2人分)
にんじん	1本	**A**	牛乳	100mℓ
バター	20g		生クリーム	大さじ2
牛乳	80mℓ		バター	10g
塩	適量			

作り方
1　にんじんを薄切りにする。

2　鍋にバターをとかし、にんじんを弱火でじっくり炒める。やわらかくなったら潰すようにしながら炒める。塩1つまみを加えて混ぜる。

3　牛乳を加えてコトコト煮ていく。ほとんど水分がなくなるまで煮詰める。

4　3をミキサーに入れ、**A**を加えてなめらかになるまで撹拌する。

5　鍋に戻し、弱火で温める。味を見て塩でととのえる。

豚汁

材料(4〜5人分)
豚こま切れ肉	100g	さつまいも	小½本
玉ねぎ	½個	こんにゃく	¼個
にんじん	½本	みそ	大さじ4強
ごぼう	¼本	醤油	小さじ2
長ねぎ(小口切り)	適量	サラダ油	適量

作り方
1　玉ねぎは横半分に切って1cm幅に切る。にんじんは薄めのいちょう切り、さつまいもはにんじんより厚めのいちょう切り、ごぼうは斜め薄切りにする。

2　こんにゃくは一口大にちぎり、湯通ししておく。

3　フライパンにサラダ油を熱して豚肉を入れ、塩(分量外)を軽く振って炒める。さつまいも、にんじん、ごぼう、玉ねぎ、こんにゃくを順に入れて炒める。

4　水1ℓを加え、沸騰したらアクをとって、5分ほど煮て野菜に火を通す。

5　火を弱めてみそと醤油を加え、味をととのえて器に盛り、長ねぎを散らす。好みで七味唐辛子を振る。

しいたけとカリフラワーの
フリット

フリットはなんでも応用がききます。
カリフラワーなんてホクホク。野菜以外もこの衣がおすすめ。

材料（2人分）

しいたけ	4個
カリフラワー	⅓〜½個
コーンフラワー	100g
炭酸水	180㎖
塩	適量
薄力粉	適量
揚げ油	適量

作り方

1　コーンフラワー、炭酸水、塩1つまみを混ぜる。

2　しいたけは石づきをとり、薄力粉をまぶす。カリフラワーは食べやすい大きさに切って10分ゆでたら、崩れやすいので慎重にザルにあげて、氷水に入れる。揚げる前によく水けをきって、薄力粉をまぶす。

3　2にそれぞれ1をからめ、揚げ油を180度に熱し、カリッと揚げる。器に盛り、塩を添える。

082

コーンフラワー

サクッサクの秘訣は、衣にコーンフラワーを使うこと！　軽いのにしっかりとした衣に揚げ上がる。

きのこのチーズリゾット

お店のリゾットが絶対失敗なしで作れます。
万能お米（p.59）で、チャーハンやリゾット、なんでもおいしい！

材料（2人分）

炊いた万能お米(p.59参照)	200g
好みのきのこ(写真はしめじ、まいたけ)	50g
塩	少々
バター	10g

A	バター	15g
	粉チーズ	大さじ2
	生クリーム	大さじ3
	水	大さじ4〜5

作り方

1　フライパンを熱してバターをとかし、食べやすくほぐしたきのこを入れて塩を振り、炒める。

2　万能お米とAを加え、軽く煮立たせる。

3　器に盛り、好みでこしょうを振る。

粉チーズ

パルミジャーノ・レッジャーノのすりおろしがもちろんベストだが、粉チーズでも十分おいしいのがこのレシピの魅力！　市販の粉チーズでプロの味に。

黄金チヂミ

カリッカリのチヂミは、1品でも十分豪華に。
具は身近なものでいいんです。粉さえあれば買い物なしでできる一品。

高温、多めの油で
カリッと

チヂミは外がカリカリ、中
はとろりが理想。多めの油
&高めの温度で、カリッと
焼き上げて。

084

材料（2人分）

シーフードミックス（冷凍）…… 50g
玉ねぎ …………………… ⅛個
にんじん ………………… ⅙本
にら …………………… 2本
A 片栗粉、上新粉、薄力粉
　　　　　　　　　 各30g
　　卵 …………………… 1個
　　塩 …………………… 1つまみ
B オイスターソース
　　　　　　　　　 大さじ2
　ホワイトバルサミコ酢
　またはりんご酢
　　　　　　　　　 大さじ1
ごま油 ………………… 大さじ3
万能ねぎ（小口切り）
　　　　　　　　　 適量

作り方

1 玉ねぎは少し厚めの薄切りに、にんじんは細切りに、にらは4〜5cm幅に切る。

2 ボウルにAの粉類を混ぜ合わせる。卵を割り入れて混ぜ、塩、水50mℓを少しずつ加えてのばす。

3 2にシーフードミックス、1を加えてさっくり混ぜる。

4 フライパンにごま油を引いて熱し、3を流し入れて両面をこんがりと焼く。

5 4に混ぜ合わせたBをぬり、食べやすく切って器に盛り、あればカラスミ、ミモレットを削りながら振り、万能ねぎを散らす。

"ステイホーム"以降、#おうちでsioのハッシュタグをつけて、料理写真をSNSにアップする人が続出!! たくさんのフォロワーさんの中から実際のツイートをご紹介します。

すでにファンのお墨付き!

#おうちでsio Twitterレポート

カノンさん
@Plumeria23

家庭でできる最高の炊飯の仕方を「#米騒動」と紹介したところ、たくさんの米騒動参加者が続出。びっくりするくらいお米がおいしく家で炊けますよ!(レシピp.50)

喜屋武ちあきさん
@kyanchiaki

SNSでも多くの投稿があったカルボナーラ。本書ではsioで出している本格バージョンと家庭用簡単バージョンの両方を紹介しています。(レシピp.16・64)

Falconさん
@makotofalcon

o/sioの大人気メニューのナポリタンが家で簡単に作れるとあって、こちらも大好評。この方のように#おうちでsioのレシピからアレンジするのも最高ですね。(レシピp.18)

三井陽一郎さん
@mitsui_yoichiro

料理だけでなく、ドリンクもみなさん忠実に再現してくれました。1週間寝かせる山椒レモンサワー、時間をかけた分、飲んだときのおいしさも格別ですよね。(レシピp.89)

スペシャルドリンクと
簡単デザートレシピ

子どもの頃から、ちょっとした甘いドリンクや
スイーツがあると、テンションが上がったものです。
今回は大人のカクテルも少し加えて、
子どもから大人まで大好きな甘〜いレシピをご紹介します。
パーラー大箸の看板メニュー「ととのうプリン」の
レシピも必見。

sioの究極カルピス

僕が考える最高の調合です。
ロマンがありますよね。

材料(2杯分)　　　　作り方
カルピス ···· 100mℓ　　1　氷以外の材料を混ぜる。
水 ············· 260mℓ
氷 ············· 適量　　　2　氷を入れる。

フルーツミックスジュース

昔飲んだミックスジュース、おいしかったよね〜。再現します!

材料(2〜3杯分)　　　　　　　　　　作り方
白桃缶(果肉) ················· 50g　　1　氷以外の材料をミキサーにか
みかん缶(果肉) ·············· 100g　　　　ける。
みかん缶のシロップ ··· 大さじ2
バナナ ························· 25g　　2　ある程度混ざったら、氷を入
牛乳 ························· 200mℓ　　　　れて軽くミキサーを回す。
練乳 ··················· 大さじ1と½
レモン汁 ················ 小さじ1　　　※好みで少しレモン汁を足しても
氷 ···························· 80g　　　　よい。

山椒レモンサワー

これは、おうちで楽しむのに最適。
レモンサワーも工夫したら外食より贅沢な気持ちに
なれるんです。熟成を楽しみに育てましょう。

材料(作りやすい分量)
［原液］
　甲類焼酎 ················ 500mℓ
　レモンの皮 ············ 6個分
　山椒(ドライ) ·········· 25粒
　はちみつ ················ 120mℓ
炭酸水 ······················ 適量
冷凍したレモン(くし形切り)
···································· 適量
　(皮をむいて残った部分を使って
　もよい)
氷 ···························· 適量

作り方
1　原液の材料を合わせて常温で1週間以上寝かせる。
　　レモンの果肉は冷凍しておく。

2　原液と炭酸水を1:5で混ぜる。

3　氷を入れたグラスに注ぎ、冷凍したレモンを入れる。

089

レモンの切り方

柑橘系フルーツの皮は手で
むくと大変。包丁で皮をこ
そげるようにすると、あっ
という間に実をとり出せる。

パーラー大箸のプリン

パーラー大箸名物「ととのうプリン」を家庭用にアレンジ。
身近な材料で作れます。
これこそ、日本のおやつとして伝え続けたい。

材料(プリンカップ 6 個分)

A	卵	2 個
	卵黄	4 個分
	グラニュー糖	125g
	牛乳	300㎖
	生クリーム	60㎖
	バニラエッセンス	6 滴

［カラメル］

	グラニュー糖	50g
	水	大さじ 2 + 小さじ 4 + 大さじ 2
B	生クリーム	125㎖
	グラニュー糖	15g

カラメルを煮詰める

カラメルは、焦げた香りがするくらい煮詰めて。鍋底に焦げつきやすいので目を離さないように注意。また、とても熱いのでやけどに注意して。

090

作り方

1 **A**をよく混ぜて、ザルでこしておく。

2 グラニュー糖と水大さじ 2 を鍋に入れて黒くなるまで中火にかける。真っ黒になったら、水小さじ 4 を入れて反応を止め、大さじ 2 を追加してのばす。エスプレッソのように酸っぱ苦くなっていればOK。

3 **2**を大さじ½ずつ、**1**を120㎖ずつプリンカップに入れる。

4 バットに湯を入れてプリンカップを置き、220度に予熱したオーブンで16分焼く。

5 オーブンからとり出し、氷水を入れたバットにプリンカップを移して粗熱をとり、冷蔵庫で冷やし固める。

6 ボウルに **B** を入れてなめらかに泡立て、器に盛った **5** にスプーンですくってのせる。

クレープ

一番シンプルなクレープ。
これって、思い立ったらいつでも作れるんです。

材料（3〜4枚分）

卵		1個
牛乳		180㎖
A	強力粉	60g
	薄力粉	60g
	砂糖	20g
	塩	1つまみ
B	サワークリーム	60g
	粉糖	20g
バター		少々
メープルシロップ		大さじ2

作り方

1 ボウルに卵と牛乳を入れて混ぜ合わせ、**A**（粉類は合わせてふるう）を少しずつ加えながら粉っぽさがなくなるまで混ぜ、あればノイリー酒少々を加えて混ぜる。

2 フライパンにバターをとかし、**1**を流し入れて焼き、箸で上下を返して焼く。

3 フライパンからとり出し、混ぜた**B**、メープルシロップを内側にぬって、四つ折りにする。器に盛り、好みで粉糖少々を振る。

片面はこんがり、
もう片面はじっとり

バターをフライパンにとかす。片面は香ばしい焼き色がつくまでしっかり焼くが、上下を返したらさっと焼いてとり出す。

5分でアップルパイ

ファストフードのアップルパイのような味に！
食パンなんだけど、気軽にパイ気分。

材料（2人分）
食パン（6枚切り） ………… 2枚
バター ……………………… 60g
グラニュー糖 ……………… 20g
りんごジャム ……… 大さじ4
シナモンパウダー ……… 少々

作り方

1　バターを電子レンジで30秒ほど温め、食パンにしっかりぬる。

2　フライパンでパンを両面こんがりと焼く。

3　グラニュー糖を振りかけ、りんごジャムをのせて、シナモンパウダーを振る。

トッピングをかえて
楽しんでも

バニラアイスをトッピング
したり、バタートーストに
つぶあんをトッピングして
もおいしい。

INDEX

STAFF

料理	鳥羽周作
レシピ監修	sioスタッフ一同
料理写真	神林 環
フードスタイリスト	佐々木カナコ
単行本編集	佐々木礼子（小学館）
本文	中野桜子
装丁・本文デザイン	細山田光宣＋松本 歩（細山田デザイン事務所）
校正	荒川照実

やさしいレシピのおすそわけ

＃おうちでsio

2020年10月3日　初版第1刷発行

著者　　鳥羽周作

発行者　沢辺伸政
発行所　株式会社小学館
　　　　〒101-8001 東京都千代田区一ツ橋2-3-1
　　　　編集　東京03（3230）5667
　　　　販売　東京03（5281）3555
印刷所　共同印刷株式会社
製本所　株式会社若林製本工場
©shusaku toba 2020 Printed in Japan

ISBN978-4-09-310657-3